Toon Tellegen
Marc Boutavant

# WIRD DENN HIER KEINER WÜTEND?

Aus dem Niederländischen
von Bettina Bach

Carl Hanser Verlag

# DIE FEUERKRÖTE
# UND DER IGEL

Die Feuerkröte klopfte beim Igel an.

»Wer da?«, fragte der Igel.

»Die Feuerkröte.«

»Komm rein, Feuerkröte«, sagte der Igel.

Die Feuerkröte ging rein, stapfte geradewegs zum Igel und riss ihm mit einem Ruck alle Stacheln aus dem Rücken.

»Aua!«, rief der Igel. »Aua!«

Die Feuerkröte trat einen Schritt zurück und fragte: »Wie nennst du das, was du jetzt bist, Igel?«

»Wütend«, schluchzte der Igel. »Wahnsinnig wütend.«

Die Feuerkröte musterte ihn aufmerksam und schüttelte den Kopf.

»Nein, du bist nicht wütend.«

»Bin ich wohl«, schluchzte der Igel.

»Nicht richtig wütend«, sagte die Feuerkröte.

Sie drehte sich um und ging weg. »Leider«, fügte sie noch hinzu.

Kurz darauf klopfte sie bei der Schnecke an.

»Herein«, sagte die Schnecke, die gerade über Stillstand und Entschleunigung nachdachte.

Die Feuerkröte ging rein und verdrehte der Schnecke die Fühler.

»Aua«, rief die Schnecke langsam und schmerzgeplagt.

»Nein«, sagte die Feuerkröte. »Das ist auch nicht richtig wütend.
Schade, Schnecke.«

Und noch ehe die Schnecke ein zweites Mal »Aua« sagen konnte,
war die Feuerkröte wieder weg.

Sie ging zum Elefanten und machte ihm einen unlösbaren
Knoten in den Rüssel. Danach verklebte sie dem Frosch das Maul,
schleuderte den Karpfen in den Weidenbaum und zerfetzte der
Heuschrecke den Mantel.

Alle Tiere riefen zornig: »Aua!«, und der Frosch
zischte vor Wut. Doch jedes Mal sagte die Feuerkröte:
»Nein, das ist nicht wütend«, oder: »Wenn das Wut sein
soll …« Oder: »Richtig wütend sieht aber anders aus!«

Am späten Nachmittag stand sie im Wald, mitten auf der
Lichtung, stampfte zweimal auf den Boden, ließ sich rot anlaufen,
warf die Arme in die Luft und rief: »Wird denn hier keiner
wütend?«

11

Von allen Seiten kam zorniges Schreien und gekränktes Jammern. »Nein«, schloss die Feuerkröte. »Keiner.« Sie räusperte sich, zuckte die Achseln und ging davon, zwischen den Bäumen hindurch, aus dem Wald.

An diesem Abend saßen die Tiere geknickt beisammen. Die Grille steckte dem Igel jeden Stachel einzeln wieder in den Rücken, die Schildkröte bog ganz langsam der Schnecke die Fühler wieder zurecht. Das Eichhörnchen löste den Knoten im Rüssel des Elefanten, und die Amsel trug den Karpfen zum Fluss, während der Reiher mit seinem Schnabel dem Frosch das Maul wieder aufklappte.

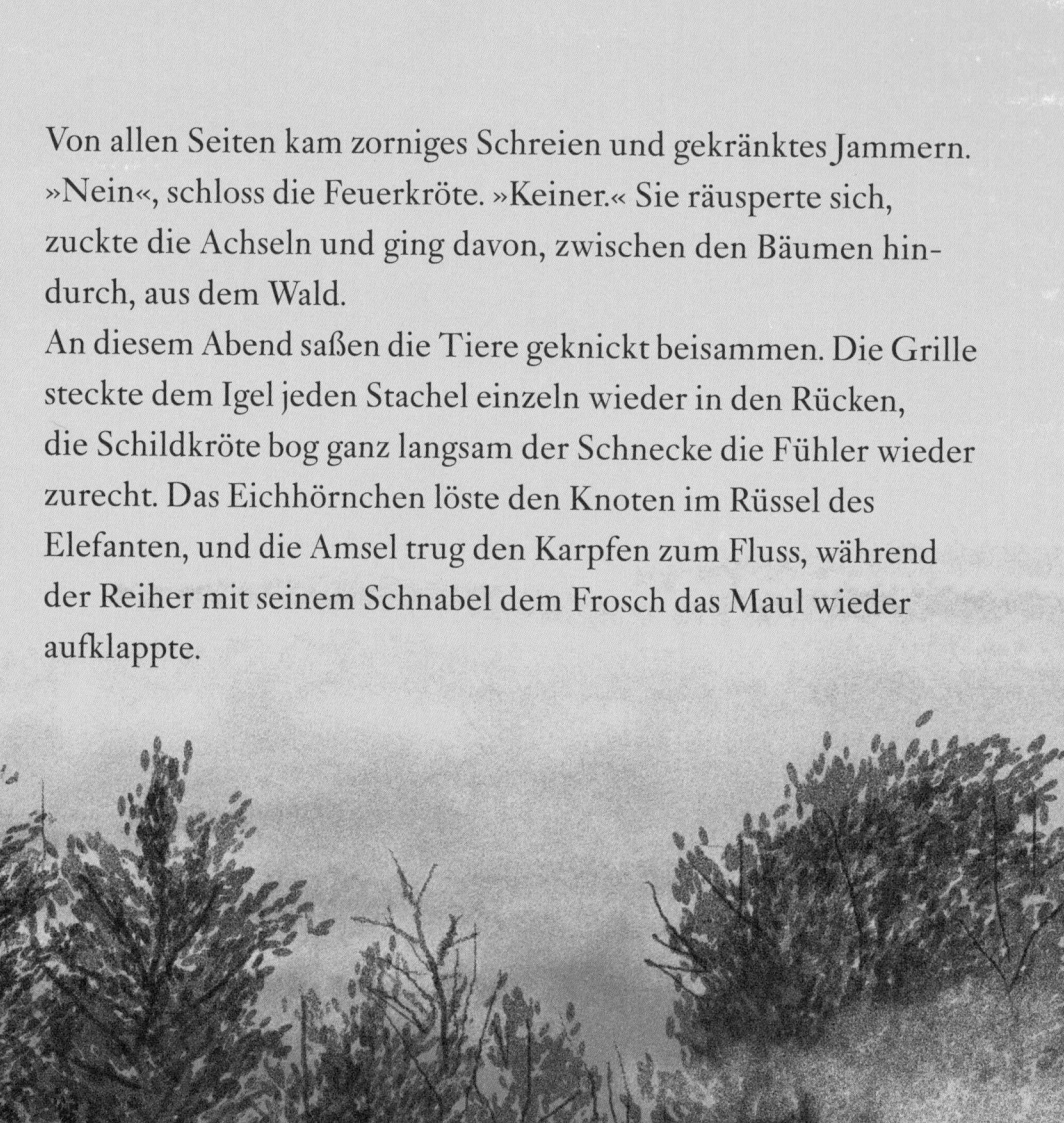

Fuchsteufelswild quakte der Frosch: »War ich etwa *nicht* wütend?«

»Nein«, sagte der Reiher. »Nicht richtig, glaube ich.«

»Was?«, quakte da der Frosch. Doch es war eher Schreien als Quaken.

Danach schwieg er und schaute beleidigt zu Boden.

»Vielleicht können wir ja gar nicht richtig wütend werden?«, sagte das Eichhörnchen, das von der Feuerkröte an den Ohren hochgezogen und auf den Ast vor seiner Tür gesetzt worden war.

13

Die Tiere sahen sich an, die Stirn in Falten gelegt. Keiner wusste, was richtig wütend war. Vielleicht war es ja etwas anderes? Etwas, was gar nicht aussah wie Wut? Vielleicht sah es ja sogar aus wie Fröhlichsein? Möglich wäre das, dachten sie.

»Oder wie etwas Schweres«, sagte die Schildkröte. »Vielleicht sieht es so aus. Wie etwas sehr Schweres, was keiner heben kann.«

Die Tiere schauderten.

Es war dunkel und kalt, und alle trotteten still nach Hause.

# DAS EICHHÖRNCHEN UND DIE AMEISE

Es war mitten im Sommer. Das Eichhörnchen saß in seinem
Haus oben in der Buche am Tisch.
Die Ameise war auf Reisen und würde vielleicht nie wieder
zurückkommen.

Das sei fast sicher, hatte sie bei ihrer Abreise noch gesagt. Das
Eichhörnchen stützte den Kopf in die Hände.

Es war sehr still.

Das Eichhörnchen dachte an die Ameise und an die Ferne und an
Fast-sicher und an Nie-wieder. Ich bin echt traurig, dachte es,
da bin ich mir sicher. Es sah sich um. Sein Tisch sah auch traurig
aus, genau wie das Fenster, der blaue Himmel und sogar die Sonne
da oben. Ob alles traurig werden kann?, fragte es sich. Das Eichhörnchen wusste es nicht.

Plötzlich hörte es vier Stimmen, auf vier Seiten, die sagten:
»Wir schon, wir können sehr traurig werden.«

Erstaunt sah sich das Eichhörnchen um. Dicke Tränen kullerten
die Wände hinunter. Meine Wände, dachte es. »Ja«, schluchzten
die, »ja«, und sie schüttelten sich sanft.

Dann waren sie auf einmal wieder still. Ihre Tränen waren
verschwunden, und sie rührten sich nicht mehr.

Das Eichhörnchen stützte wieder den Kopf in die Hände und
dachte weiter nach. Wenn sie traurig werden können, können sie
dann auch wütend werden?

Da hörte es die Wände auf einmal knurren. Alles, was an ihnen
hing, fiel zu Boden, und die Wände rückten der Mitte des
Zimmers bedrohlich näher.

Kurz vor dem Tisch blieben sie stehen. Sie knirschten und
knarrten vor Wut. Das Eichhörnchen vergrub das Gesicht in
den Händen.

»Auf wen seid ihr wütend?«, fragte es.

»Auf die Ameise«, knurrten die Wände.

Das Eichhörnchen nahm die Hände vom Gesicht und sah die
Wände mit großen Augen an.

»Auf die Ameise?«, fragte es. »Aber die Ameise ist doch eine ganz Nette!«

»Nein«, sagten die Wände. »Die Ameise ist überhaupt nicht nett.«

Dann standen sie auf einmal wieder an der Stelle, an der sie immer gestanden hatten.

Das Eichhörnchen hängte alles, was auf den Boden gefallen war, wieder auf.

Es stellte sich ans Fenster und sah in die Ferne.

»Ameise«, sagte es leise. Ich bin nicht wütend auf sie, dachte es, sondern …

Da kam von ganz weit weg auf einmal eine Stimme, vielleicht vom anderen Ende der Welt.

»Ja?«, fragte die Stimme.

Das Eichhörnchen wusste, dass manche Dinge manchmal echter scheinen, als sie sind. Aber es wusste auch, dass Fast-sicher auf keinen Fall dasselbe ist wie Ganz-sicher. Es rieb sich die Hände, holte einen großen Topf Honig aus dem Schrank und stellte ihn auf den Tisch.

Dann setzte es sich wieder, den Kopf in den Händen. Lautlos, aber gierig kamen die Wände näher. »Lecker«, flüsterten sie, als sie dicht um das Eichhörnchen herumstanden. »Honig.«

»Nein«, sagte es. »Der ist für die Ameise. Die kommt gleich.«

Die Wände meckerten kurz. Dann waren sie wieder normale Wände, standen an ihrer normalen Stelle und gaben keinen Mucks mehr von sich.

DIE SCHLANGE

Die Schlange war immer wütend. Sie wachte wütend auf, und sie ging wütend schlafen. Sie hatte wütende Erinnerungen, wütende Träume und wütende Wünsche.

Wenn jemand zu Besuch kam, war sie so wütend, dass der Besuch so schnell wie möglich wieder abhaute, und wenn keiner zu Besuch kam, war sie wütend, dass kein Besuch kam.

Wenn sie Geburtstag hatte, war sie wütend, wenn ihr die Tiere gratulierten.

»Ihr meint es ja doch nicht ernst«, zischte sie dann zornig. Und sie war wütend, wenn andere Tiere ihren Geburtstag vergaßen.

Sie war wütend, wenn sie Geschenke bekam, die sie sich nicht gewünscht hatte. Und sie war wütend, wenn sie Geschenke nicht bekam, die sie sich gewünscht hatte, die aber zu groß waren oder zu klein oder die es nicht gab und die sie nicht gewollt hätte, wenn sie sie bekommen hätte.

Sie war wütend, wenn den Tieren ihr Kuchen nicht schmeckte und sie unbewusst das Gesicht verzogen, und sie war noch wütender, wenn ihnen der Kuchen gut schmeckte.

»Aber er schmeckt doch gar nicht!«, rief sie. »Probiert doch mal richtig!« Am liebsten hätte sie jedem einen Kuchen ins Gesicht geklatscht. Aber am allerliebsten biss sie in Nasen, Flügel und Rüssel.

»Wäre ich doch bloß jemand anderes«, sagte sie oft mit Groll in der Stimme.

Doch wenn sie sich vorstellte, der Löwe zu sein oder der Spatz und fröhlich zu brüllen oder zu zwitschern, wurde sie so wütend, dass sie sich die Mähne oder die Federn vom Kopf reißen wollte.

»Ich will nicht jemand anderes sein!«, rief sie dann wutentbrannt. »Niemals!«

Nicht wütend zu sein kam ihr seltsam und gefährlich vor. Alles lieber als das, dachte sie oft und biss sich zornig auf die Zunge.

Die Tiere kannten sie und hatten keine Angst vor ihr. Eigentlich mochten sie ihre Wut, die immer wieder anders war, und wollten sich gar nicht vorstellen, wie es wäre, wenn die Schlange auf einmal nicht mehr wütend wäre.

Wenn die Schlange sie anzischte, sie fände sie schrecklich, nickten die Tiere und sagten: »Ja, Schlange, du hast recht, wir sind schrecklich.«

»Nein!«, rief die Schlange dann wutentbrannt. »Ihr seid nicht schrecklich!«

»Nein.«

»Doch!«

»Doch.«

»Nein!«

Es waren merkwürdige Gespräche, die sie da mit der Schlange führten. Aber sie dauerten nie lange, denn jedes Mal kam die Schlange drohend auf sie zu, spuckte sie an, streckte ihre Zunge heraus und versuchte, sie zu beißen.

Dann flüchteten die Tiere.

»Aber wir flüchten fröhlich«, sagten sie sich atemlos.

Aus der Ferne hörten sie noch, wie die Schlange zornig den Kopf auf den Boden schlug und ihnen hinterherrief: »Nein!«

Das war immer das letzte Wort der Schlange, wenn sie so wütend war, dass sie nicht mehr denken konnte und, irgendwo im Sand vergraben, einschlief.

# DIE GRILLE

Die Grille hatte bald Geburtstag und wollte, dass alle zu ihrem Geburtstagsfest kamen. Bis auf den Bären. Sie schrieb dem Bären einen Brief.

*Lieber Bär,*

*Ich will nicht, dass du zu meinem Geburtstag kommst. Du schlingst. Du kleckerst.*

*Du trittst einem beim Tanzen auf die Zehen.*

*Du verschenkst Sachen, mit denen keiner was anfangen kann.*

*Du singst falsch und sehr laut.*

*Du sagst immer schon, dass es schön ist, wenn du noch gar nicht wissen kannst, ob es schön ist oder nicht.*

*Du schubst alle weg, um als Erster beim Kuchen zu sein, und wenn es keinen Honigkuchen gibt, rufst du: »Warum gibt es keinen Honigkuchen?«*

*Wenn alles alle ist, fragst du mindestens zehn Mal, ob wirklich alles alle ist.*

*Und wenn wirklich alles alle ist, fragst du, warum nicht mehr da war.*

*Du schläfst ein, wenn jemand eine Rede hält.*

*Du rutschst vom Stuhl, sobald du eingeschlafen bist, und du schnarchst.*

*Wenn alle schon nach Hause gegangen sind, liegst du immer noch schnarchend auf dem Boden, und wenn du wieder aufwachst, suchst du überall nach Krümeln.*

*Du … Ach, weißt du was?*

*Komm ruhig.*

*Eigentlich ist es doch sehr schön, wenn du kommst. Morgen habe ich Geburtstag.*

*Ich würde mich riesig freuen, wenn du auch kommst.*

*Bis morgen!*

*Die Grille*

# DAS EICHHÖRNCHEN UND DER ELEFANT

Es war ein warmer Abend im Frühsommer, und hoch oben in der Pappel sang die Amsel.

Das Eichhörnchen saß am Fuß der Buche. Sein Kopf sank ihm langsam auf die Brust, und es konnte die Augen kaum noch offen halten.

»Hallo, Eichhörnchen«, hörte es plötzlich. Es sah hoch. Der Elefant stand vor ihm.

»Hallo, Elefant«, sagte es.

Der Elefant blieb stehen und wollte offenbar etwas sagen. Er räusperte sich ein paarmal und schwang den Rüssel von einer Schulter zur anderen.

»Eichhörnchen«, sagte er dann.

»Ja.«

»Willst du mit mir tanzen?«

»Ist gut«, sagte das Eichhörnchen.

»Aber … Äh … Wirst du nicht sauer, wenn ich dir auf die Zehen trete?«

»Nein«, sagte das Eichhörnchen. »Aber tritt mir lieber nicht auf die Zehen.«

»Aber was ist, wenn ich es trotzdem tue?«

»Nein, dann werde ich nicht sauer.«

»Und wenn ich auf einmal ganz doll glücklich bin und dich im Kreis herumwirbele und dich nicht mehr halten kann und du mit Karacho gegen die Buche knallst und benommen liegen bleibst, wirst du dann auch nicht sauer?«

Das Eichhörnchen dachte nach. Es sah sich im Gras liegen, auf dem Rücken, unter der Buche, während sich eine riesige Beule auf seiner Stirn bildete.

»Nein«, sagte es langsam, »dann werde ich auch nicht sauer.«

»Und wenn ich dich dann wieder hochziehe und weitertanze?«

»Nein, dann auch nicht.«

Der Elefant stieß einen tiefen Seufzer aus, schaute einen Augenblick ernst drein und legte dem Eichhörnchen dann eine Vorderpfote um die Taille.

Der Mond schien, die Amsel sang, und der Elefant und das Eichhörnchen tanzten.

Nach zwei Schritten trat der Elefant dem Eichhörnchen auf die Zehen.

»Aua«, sagte das Eichhörnchen. Doch es wurde nicht sauer.

Nachdem er dem Eichhörnchen noch zehn Mal auf die Zehen getreten hatte und das Eichhörnchen kein einziges Mal sauer wurde, fühlte sich der Elefant ganz doll glücklich.

Die Nachtigall sang nun auch, und auf dem untersten Zweig der Buche knipste das Glühwürmchen sein Licht an und aus.

Der Elefant wirbelte das Eichhörnchen im Kreis herum, immer schneller und wilder. Ich denke, dachte das Eichhörnchen, ich weiß, was als Nächstes kommt.

»Halt!«, rief der Elefant. Aber es war schon zu spät. Das Eichhörnchen segelte in hohem Bogen durch die Luft und knallte mit einem Mordsschlag gegen die Buche.

Kurz darauf tanzten sie wieder. Der Elefant tanzte, und das Eichhörnchen stolperte im Takt.

Der Elefant versuchte, sich nicht mehr zu drehen und dem
Eichhörnchen so wenig wie möglich auf die Zehen zu treten.
»Wie schön wir tanzen!«, flüsterte er dem Eichhörnchen ins
zerknitterte Ohr.
»Ja«, stöhnte das Eichhörnchen.
»Ich wünschte, wir könnten immer so tanzen«, sagte der Elefant.
»Ja«, murmelte das Eichhörnchen. »Ich auch.« Das Glüh-
würmchen sah zu und knipste weiter freundlich sein Licht an
und aus. Das tue ich wirklich, dachte das Eichhörnchen.

# DIE GOTTESANBETERIN

Na, so was, dachte die Gottesanbeterin. Ein Staubkorn … Sie trug ihren schönsten Mantel und betrachtete sich im Spiegel. Sie blies das Staubkorn von ihrer Schulter. Doch dann sah sie, dass der Mantel eine Falte hatte, am linken Knie, wo keine hingehörte.

Sie hob das Knie und zog die Falte zurecht.

Ratsch, hörte sie. Beim Zurechtziehen der Falte war etwas am Rücken gerissen.

»Das wars dann wohl«, seufzte sie.

Heute Abend war sie auf das Fest des Gepards eingeladen, am Rand der Steppe.

Sie zog den grünen Mantel aus und betrachtete den Riss.

»Mein einziger guter Mantel!«, rief sie. In ihrem Schrank hingen Dutzende von Mänteln, doch der lange hellgrüne war ihr Lieblingsmantel.

Sie setzte sich an den Tisch und wollte den Mantel flicken. Aber sie pikste sich in den Finger, schrie: »Aua!« und sprang auf, stieß sich den Kopf am Balken und bekam eine Beule, mitten auf der Stirn.

Eine Beule!, dachte sie. Auch das noch!

Sie betrachtete sich im Spiegel. Sie setzte ein altes lilafarbenes Hütchen auf, das sonst nur dazu diente, ihr im Winter im Bett den Kopf warm zu halten, und zog es tief über die Augen, um die Beule zu verstecken. Nun sah sie nichts mehr, stolperte über den Stuhl, zerknickte sich die Flügel, ein Fühler brach ab, und sie bekam eine blutige Nase und hier und da noch ein paar Beulen und Schrammen.

Ratlos legte sie sich aufs Bett.

»Was ist eigentlich mit der Gottesanbeterin?«, hörte sie in Gedanken den Ozelot den Gepard fragen.

»Ach, die hat bestimmt nichts zum Anziehen«, sagte der Gepard mit zusammengekniffenen Augen.

»Ach ja, natürlich nicht …«, sagte der Ozelot.

Feuerrot vor Wut sprang die Gottesanbeterin auf.

Ohne Mantel, nur mit ihrem alten lilafarbenen Hütchen auf dem
Kopf, ganz zerknautscht und voller Beulen und Schrammen
ging sie hinaus und humpelte zum Haus des Gepards.

Dort riss sie die Tür auf und blieb auf der Schwelle stehen.

»Da bin ich«, sagte sie.

Die eleganten Tiere, die sich miteinander unterhielten und huld-
voll nickend umeinander herumscharwenzelten, schauten hoch
und sperrten die Augen weit auf. Sie sahen ein verlottertes Tier,
das sie kaum erkannten.

»Es ist die Gottesanbeterin«, flüsterte eines der Tiere mit kaum
verhohlener Abscheu.

»Wirklich? Sind Sie sicher?«, flüsterte ein anderes.

»Ganz sicher.«

Einige Tiere zuckten zurück, und um ein Haar hätte der Gepard
die schmuddelige Erscheinung hinausgeworfen.

Doch die Gottesanbeterin blieb einfach stehen, legte die zerknick-
ten Flügel zusammen, blies sich mindestens zehn Staubkörner

von der Schulter und guckte dabei so stolz, dass die anderen
Tiere sie plötzlich eleganter fanden als sich selbst. Und schon
zogen die ersten den Mantel aus, stießen sich den Kopf an
den Balken, zerschrammten sich die Arme und Beine und
bedauerten, dass sie keinen Hut trugen, keinen kleinen lilafarbenen Hut.

# DIE AMEISE

Als die Ameise aufwachte, sah sie zum Fenster hinaus. Es regnete. Ihr Kopf tat weh, und sie fragte sich, ob sie überhaupt aufstehen sollte.

»Wozu eigentlich?«, rief sie.

Da sah sie plötzlich ein großes rundes Etwas mit harten Stacheln in ihrem Zimmer liegen.

Ha, dachte die Ameise abfällig, war ja klar. Die Wut. Die geht natürlich nicht mehr weg.

»Geh weg!«, rief die Ameise. Doch sie wusste genau, dass es nichts bringen würde. Die Wut wälzte sich hin und her und fuhr ab und zu einen Stachel aus, haute der Ameise auf den Kopf oder pikste sie in den Nacken.

»Aua«, sagte die Ameise. »Hör auf!«

Sie hielt sich den Kopf. Aber das machte die Schmerzen nur schlimmer. Sie wollte sich unter der Bettdecke verkriechen, doch die Wut packte die Decke und schleuderte sie fort. Danach packte sie die Ameise und zerrte sie aus dem Bett.

Die Ameise war fuchsteufelswild, und die Wut wuchs und machte:
»Grgrgrgrm.«

So, so, dachte die Ameise, sie kann sogar schon sprechen …

Sie schnappte sich ihren Stuhl, hob ihn in die Luft und wollte
der Wut eins überbraten. Aber die Wut packte den Stuhl,
zertrümmerte ihn und ließ ihn in Stücken auf den Boden fallen.
Da stürmte die Ameise mit dem Kopf voran auf sie zu.

Aber die Wut war rau und hart, als wäre sie aus Stein, und die
Ameise fiel auf den Boden. Nun tat ihr der Kopf höllisch weh.
Unerträglich, fand sie. Ich habe unerträgliches Kopfweh.

»Brbrbrgrm«, machte die Wut, beugte sich über die Ameise und
schwenkte dabei einen dicken, dunklen Stachel.

In diesem Moment klopfte es. »Ameise!«, rief jemand. »Ameise!«

»Nein!«, brüllte die Ameise, die glaubte, die Wut würde die
Stimme des Eichhörnchens nachahmen.

»Ich bins, das Eichhörnchen.«

Die Tür ging auf, und das Eichhörnchen kam herein.

»Kommst du mit?«, fragte es. »Auf Reise? Oder zum Fluss, uns ins
Gras legen?«

Hinter ihm blitzte die Sonne zwischen zwei Wolken hervor.

Die Wut schrumpfte, trat einen Schritt zurück, schrumpfte noch
weiter und schlüpfte hinter dem Eichhörnchen zur Tür hinaus.

»Was?«, fragte die Ameise.

»Kommst du mit?«, fragte das Eichhörnchen noch mal. Dann sah
es die Überreste des Stuhls auf dem Boden. »Hattest du Besuch?«,
fragte es.

»Besuch …«, sagte die Ameise und betastete sich den Kopf. »Ich
glaube nicht, nein.«

Nach der Wut schlüpfte nun auch das Kopfweh einfach aus
ihrem Kopf und zwängte sich hinter dem Eichhörnchen zur Tür
durch. Es sah blass und niedergeschlagen aus. Auf der Schwelle

drehte es sich fragend zur Ameise um. Doch die schüttelte
beinahe unmerklich den Kopf.

»Willst du nicht mit?«, fragte das Eichhörnchen.

»Doch«, sagte die Ameise.

Sie beschlossen, zum Fluss zu gehen und dort mit geschlossenen
Augen dem Plätschern der Wellen zu lauschen.

Wenig später liefen sie durch den Wald. Das Gras dampfte. Die
Sonne schien, und der Himmel war weit und blau.

# DIE HEUSCHRECKE

Am Waldrand, hinter dem Brombeerstrauch, hatte die Heuschrecke einen Laden.

Sie verkaufte Mäntel.

Doch niemand kam und kaufte einen Mantel, denn es war Sommer und schönes Wetter.

Die meiste Zeit stand die Heuschrecke traurig vor dem Laden und hielt Ausschau, oder sie hockte im Brombeerstrauch und zirpte schrill und schneidend, damit es klang, als ob ein eiskalter Wind wehte. Und manchmal rief sie laut: »Kalt! Mir ist ja so kalt!«, und schlug mit großem Getöse die Flügel übereinander.

Doch keiner hörte sie.

Auf dem schmalen Pfad zu ihrem Laden stellte sie ein großes Schild auf:

HEUTE BITTERKALT

Doch niemand las das Schild. Als sie fast am Verzweifeln war, schrieb sie allen einen Brief:

*Sehr geehrte Tiere,*
*Sie bilden sich nur ein, dass Ihnen warm ist und Sie am Keuchen sind.*
*Aber das ist kein Keuchen, es ist Bibbern!*
*Ihnen ist eiskalt!*
*Ihre Schweißtropfen kommen von der Kälte. Das wussten Sie nicht,*
*stimmts? Hitze ist in Wirklichkeit Kälte.*
*Was Sie jetzt brauchen, ist ein Mantel. Ohne Mantel wird es kein gutes*
*Ende mit Ihnen nehmen. Dann werden Sie zu Eisklumpen oder*
*Eiszapfen. Möchten Sie der Eiszapfen sein? Möchten Sie, dass alle Ihnen*
*zunicken und sagen: Guten Tag, Eiszapfen, guten Morgen, Eiszapfen?*
*Mäntel gibt es bei mir zu kaufen, hinter dem Brombeerstrauch.*
*Bis gleich,*
*Die Heuschrecke*

Die Sonne schien, und es war mitten im Sommer. Der Wald
keuchte und knackte vor Hitze.

Nur die Raupe kam vorbei und kaufte sich ein klitzekleines
haariges Mäntelchen. Danach ließ sich keiner mehr blicken.

Jeden Morgen saß die Heuschrecke niedergeschlagen vor
ihrer Tür und wartete auf Schneestürme und den Klang von
Zähneklappern und Bibbern.

Schließlich, gegen Ende des Sommers, als es stiller wurde
und klamm, hängte sie ein neues Schild über das alte:

Danach ging sie in den Laden und schloss die Tür.

Sie nahm die Mäntel von den Ständern, legte sich aufs Bett und
stapelte sie alle auf sich. Die Mäntel reichten fast bis zur Decke.
Sie keuchte.

*Das* ist Keuchen, dachte sie.

Langsam schüttelte die Heuschrecke den Kopf. Ihre Arme, Beine
und Fühler konnte sie nicht mehr bewegen.

Sie müssen es selber wissen, dachte sie.

# DER SCHWAN

Beim Geburtstag des Schwans war der Frosch so fröhlich, dass
er rief: »Schaut alle her!«, dem Elefanten auf den Rücken
kletterte und mit den Händen voran in die Geburtstagstorte
sprang.

Es war eine außergewöhnlich edle Torte, und der Schwan wollte
gerade eine Rede über die Besonderheiten dieser speziellen Torte
und seine Ansichten über Torten im Allgemeinen halten, als die
Torte in alle Himmelsrichtungen spritzte.

Der Frosch streckte den Kopf heraus und rief: »Was für ein Köpfer!
Habt ihr das gesehen?«

Die Tiere nickten, wischten sich die Tortenstücke aus dem
Gesicht und guckten zum Schwan.

»Ich glaube«, sagte der Schwan, »ihr feiert meinen Geburtstag
besser ohne mich. Ich begebe mich auf Reisen.« Er breitete
die Flügel aus, stieg in die Luft auf und verschwand hinter den
Bäumen.

»Es war aber doch ein schöner Köpfer?«, fragte der Frosch
erstaunt.

Niemand antwortete. Schnell feierten sie den Rest des Schwanen-
geburtstages, aßen, was noch von der Torte übrig war, machten
ein paar eilige Tanzschritte und gingen nach Hause.

Am nächsten Morgen bekam der Frosch einen Brief vom Schwan:

*Frosch,*
*Sie haben einen dunklen Schatten auf meine weiße Weste geworfen.*
*Der Schwan*

Der Frosch dachte: Einen Schatten ... einen dunklen Schatten auf
seine weiße Weste ... So, so, den habe ich also geworfen ...

Er fand es etwas ganz Besonderes und erzählte es gleich dem Igel, der gerade einen Spaziergang zum Schilf machte. »Weißt du, was ich gemacht habe, Igel?«, fragte er und platzte fast vor Stolz.

»Nein«, sagte der Igel.

»Ich habe einen Schatten geworfen.«

»Einen Schatten?«

»Ja, einen dunklen Schatten.«

»Wonach?«

»Nicht wonach. Worauf.«

»Worauf denn?«

»Auf die weiße Weste vom Schwan.«

»Oh«, sagte der Igel. Ein Schatten, dachte er, warum habe ich noch nie einen Schatten geworfen? Er runzelte die Stirn und blieb stehen. Ich habe überhaupt noch nie etwas geworfen, dachte er bitter.

Am frühen Nachmittag bekam der Frosch einen neuen Brief:

*Verehrter Frosch,*
*ich kehre nach Hause zurück. Mein Ärger ist vorüber.*
*Ich möchte Ihnen glattweg vergeben.*
*Der Schwan*

So, so, dachte der Frosch. Vergeben will er mir also.

Der Igel stand immer noch an derselben Stelle und dachte an seine eigene Weste. Ich habe eine stachelige Weste, dachte er. Nicht so eine weiße wie der Schwan. Auf meiner Weste sieht man sowieso nichts. Deshalb wirft mir keiner einen Schatten darauf. Er seufzte.

»Weißt du, was der Schwan jetzt will?«, fragte der Frosch.

»Nein.«

»Du kommst nie drauf.«

»Nein«, sagte der Igel. »Ich komme nie drauf.«

»Er will mir vergeben«, sagte der Frosch.

»Ach ja?«, fragte der Igel.

»Ja«, sagte der Frosch. »Das hat er geschrieben. Er will es glattweg.«

Und fröhlich quakend machte er einen Köpfer in den Fluss.

Vergeben, dachte der Igel. Ob mir mal jemand vergeben will? Bestimmt nicht.

Er scharrte mit der Pfote über den lockeren Boden. Ich weiß schon, dachte er. Ich bin ja bloß der Igel. Daran liegt es.

»Ich bin ja bloß der Igel«, murmelte er. »Ich bin ja bloß der Igel.«

Er hätte seinen Weg wütend und verbittert fortsetzen können. Doch zu seiner Überraschung setzte er ihn fröhlich fort. Denn er fand es plötzlich etwas ganz Besonderes, bloß der Igel zu sein. Niemand ist bloß der Igel, dachte er. Nur ich!

Kein Gedanke mehr daran, Schatten auf Westen zu werfen oder zu vergeben.

DER SKARABÄUS

Eines Nachmittags schrieb der Skarabäus dem Pillendreher
einen Brief.
    Er dachte lange nach, knabberte an seinem Stift, strich vieles
durch und warf den Brief schließlich mit einem tiefen Seufzer
in die Luft.
Als der Pillendreher wenig später den Brief las, wurde er feuerrot
und fing an zu beben. Er setzte sich auf den Boden und schrieb
zurück.
Nicht viel später las der Skarabäus diesen Brief und wurde ganz
blass.
Die Tiere, die zufällig an ihm vorbeikamen, blieben stehen
und musterten ihn erstaunt. Sie hatten nicht gewusst, dass der
Skarabäus blass werden konnte.
Sie schüttelten den Kopf und fragten, ob sie ihm helfen könnten.
Der Skarabäus hörte sie nicht. Er grummelte irgendetwas Un-
verständliches und schrieb einen sehr langen Brief zurück. Als er
fertig war, warf er diesen Brief in die Luft und sah zu, wie der

Wind ihn mitnahm. Er ließ sich rücklings auf den Boden fallen und blieb lange Zeit reglos liegen.

Nun war er nicht mehr blass, sondern grau.

Der Pillendreher las diesen Brief, riss die Augen weit auf, und der Brief fiel ihm aus den Fingern. Er schlug den Kopf zweimal gegen die Zimmerwand, hob den Brief auf, las ihn erneut, verengte die Augen zu Schlitzen und schrieb einen kurzen Brief zurück.

Der Skarabäus war nicht mehr grau, als er diesen Brief las, doch er schloss die Vorhänge, machte sich so klein wie möglich, kaute an all seinen Nägeln und kritzelte eine Antwort auf die Rückseite des Briefes vom Pillendreher.

Der Pillendreher bekam die Antwort, las sie, nickte und schrieb schnell und fast achtlos einen Brief zurück, mit vielen As und Os

und schnörkeligen Buchstaben. Dann rieb er sich die Hände und
trank eine Tasse Tee.

Der Skarabäus las diesen Brief, sprang auf und ging stundenlang
mit gesenktem Kopf auf und ab. Wären seine Gedanken sichtbar
gewesen, hätte jeder, der ihn sah, die Hand vor die Augen halten
müssen, so gleißend und grell wären sie gewesen.

Schließlich schrieb er wieder zurück.

Als der Pillendreher diesen Brief las, schossen ihm die Tränen
in die Augen.

Lange Zeit saß er schluchzend im Gras.

Dann schrieb er einen kleinen blauen Brief zurück, den er
erst noch ein paarmal las und sorgfältig trocknen ließ, bevor
er ihn dem Wind übergab.

Der Skarabäus las diesen Brief, stützte den Kopf in die Hände
und schrieb zurück. Doch er wusste nicht, ob sein Brief leserlich
war und ob es die Wörter, die er benutzte, überhaupt gab.
Der Pillendreher las diesen Brief im Mondlicht und schrieb ein
letztes Mal zurück.

Aber diesen Brief öffnete der Skarabäus nicht. Er legte ihn ins
Gras vor seine Tür. Jedes Mal, wenn er hinaus- oder hineinging,
stieg er über den Brief hinweg.

Ab und zu spielte der Wind mit dem Papier, und es raschelte leise.
Aber lesen tat der Skarabäus den Brief nicht. Und weit weg, unter
der Pappel, wartete der Pillendreher vergeblich auf Antwort.

# INHALT

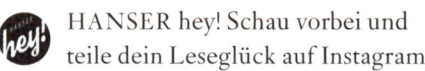

HANSER hey! Schau vorbei und
teile dein Leseglück auf Instagram

Erscheint als Hörbuch bei Silberfisch
gelesen von Felix von Manteuffel

1. Auflage 2021

ISBN 978-3-446-27126-5
© Text 2002 Toon Tellegen, Em. Querido's Uitgeverij B. V., Amsterdam
© Illustration und Gestaltung 2021 Albin Michel Jeunesse, Paris
Aus dem Niederländischen von Bettina Bach
Alle Rechte der deutschen Ausgabe: © Carl Hanser Verlag GmbH & Co. KG, München
Umschlag: Sebastian Völkel, unter Verwendung einer Illustration von Marc Boutavant
Satz im Verlag | Druck und Bindung: Toppan Leefung | Printed in China